Caroline Régnard-Mayer

Gedankenspiele III
-Sonderedition-

Lichterglanz im Advent

Caroline Régnard-Mayer

Gedankenspiele III

Lichterglanz im Advent

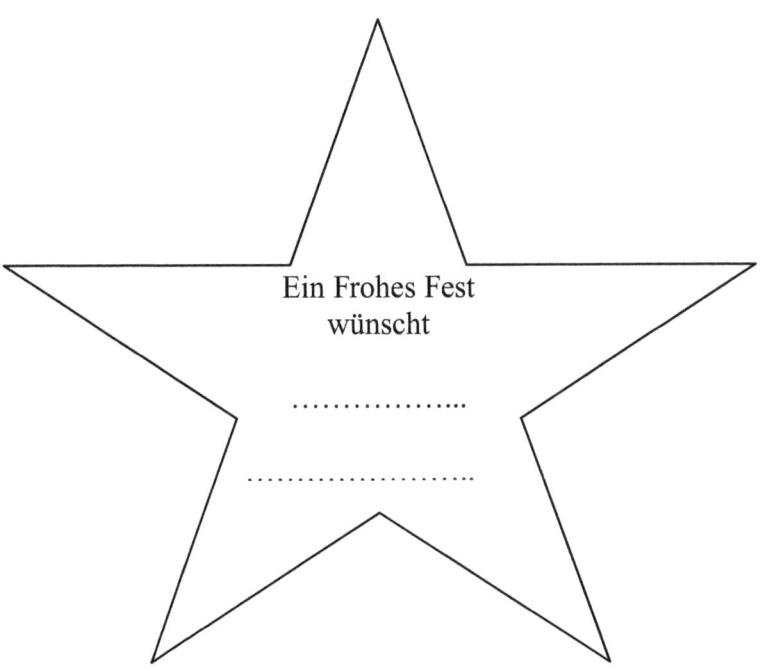

Ein Frohes Fest
wünscht

....

....

BOD - Books on Demand

Bibliografische Information der Deutschen Nationalbibliothek: Die Deutsche Nationalbibliothek verzeichnet diese Publikation in der Deutschen Nationalbibliografie; detaillierte bibliografische Daten sind im Internet über http://dnb.d-nb.de abrufbar.

© 2016, Caroline Régnard-Mayer

Satz und Layout: Caroline Régnard-Mayer
Coverfoto: Caroline Regnard-Mayer
Covervorlage: BOD
Fotos: pixabay.com/C. Régnard-Mayer
Coverfoto: Fotolia_96505933_emmi
Herstellung und Verlag:
BOD - Books on Demand,
Norderstedt
ISBN: 978-3-7412-8164-8

Oktober 2016

Ich liebe den Herbst, wenn die Tage kälter werden und das erste Laub von den Bäumen fällt. Der Neue Wein liegt in der Luft, die Blätter verfärben sich bunt und der Nebel kriecht am Morgen über die Felder, weicht der Sonne wenig später. Doch der schönste Monat ist der Dezember, die Adventszeit und die Tage vor Weihnachten. Es ist eine besinnliche Zeit, die mich bereits als Kind zum Strahlen brachte. Bis heute hat sich dieser Glanz und die Vorfreude nicht wesentlich verändert.

Mittlerweile habe ich zwei Kinder, die diese Tage und Wochen ebenso genießen. Nicht nur wegen den anstehenden Ferien!

Schon Mitte November wälzen wir die Backbücher und jeder darf sich seine Lieblingsplätzchen heraussuchen, die sich kaum vom Vorjahr unterscheiden. Der Mensch hat nun seine Vorlieben auch bei Süßem. Stollen und Spritzgebäck sind unsere Favoriten.

Mit meiner Mutter bastelte ich als kleines Kind und führe diese Tradition in meiner kleinen Familie fort. Je älter die Kinder mit den Jahren wurden, desto ausgefallener unsere Ideen. Doch seit drei Jahren bastle ich alleine, zum einen sind sie nun „groß" oder wohnen nicht mehr zuhause. Doch diese kreativen Stunden gehören für mich zu dieser besinnlichen Zeit bis Weihnachten dazu. Bei Kerzenlicht und frischem Tannengrün wird neugebasteltes stolz präsentiert, nachdem altes entsorgt wurde. Ein duftender

Tee und allerlei Plätzchen runden die gemütlichen Stunden ab.
Ich bin ein gläubiger Mensch und mag die biblischen Geschichten und entsprechenden kirchlichen Rituale, die in der Christmette an Heiligabend ihren Höhepunkt finden.

Ich lade Sie herzlich ein, mich auf dem Weg durch die Adventszeit zu begleiten. Mit Bedacht stellte ich Ihnen Rezepte, Geschichten, Basteltipps und vieles mehr zusammen, untermalt mit Fotos und Illustrationen.

Die Adventszeit soll auch für Sie eine besinnliche Zeit werden, finden Sie Zeit zum Innehalten und genießen Sie den ersten Schnee und die klare Luft bei einem winterlichen Spaziergang.
****

In diesem Sinne eine schöne Adventszeit und ein besinnliches Weihnachtsfest!

Ihre Caroline Régnard-Mayer

✧ Alle Jahre wieder...

Noch sechsunddreißig Tage bis Weihnachten und die Diskussionen über den Kauf des Tannenbaums und das Festmenü an Heiligabend sind in vollem Gang. Dieses Jahr stellt sich die Frage für uns: „Kunst- oder Naturbaum?" Meine Tochter hatte die „netten" Bemerkungen für mich: „Kauf doch einen Plastikbaum, denn, wenn wir nicht mehr bei dir leben, haben wir vielleicht keine Zeit, dir einen Naturbaum zu besorgen. Außerdem bist du vielleicht mal so gehandicapt, dass es pflegeleichter für dich ist. „Erstens findet sich immer jemand, der mir einen schönen, kleinen natürlichen Baum bringen wird", antwortete ich, „und zweitens wird der Zustand der absoluten Hilflosigkeit hoffentlich nie eintreffen, liebe Tochter". Ich lasse die Worte an mir abprallen und werde mich mit dem Thema höchstpersönlich und alleine die nächste Woche im Baumarkt auseinandersetzen.

Das Schmücken des Tannenbaums zwei Tage vor Heiligabend war schnell gelöst, denn ein Jahr schmücke ich den Baum und das darauffolgende Jahr meine

Kinder. In meiner Kindheit schmückte man den Baum schon zwei Tage vorher nach französischer Tradition und überhaupt hatte nur meine Mutter das große Privileg. Zum Glück habe ich dieses Jahr die Ehre und kann mich mit meinen traditionellen roten Kugeln und den Holzfiguren austoben. Kein Lametta!

Das Aufstellen des Tannenbaums oder „O Tannenbaum"!

Da kann ich ein Lied singen, nicht nur von künstlichen Baumdiskussionen. Der Ort des Geschehens respektive die Aufführung findet alljährlich im Wohn-zimmer statt, nachdem der Kauf und der Transport schon ein Kraftakt war. Zwei Wochen lang steht er in einem mit Wasser gefüllten Eimer auf dem Balkon und die Temperaturen klettern unter den Nullpunkt. Wie jedes Jahr koche ich Wasser, um den Baum aus dem Eimer zu bekommen, und zerschlage das Eis mit einer Axt. Und jedes Mal schwöre ich mir, den Baum rechtzeitig vor dem Gefrieren in Sicherheit zu bringen. Vergebens, das Jahr ist zu lang!

Zurück in unser Wohnzimmer. Die Kinder sind nun kräftig genug, um mit anzupacken, und doch gelingt es uns nie, den Baum so mit den Flügelschrauben zu fixieren, dass er senkrecht im Ständer steht. Wir tänzeln um den Tannenbaum, unsere Stimmen werden lauter und emotionaler und die Frage stellt sich, wer wohl der Schuldige war und es gibt einen neuen Versuch. Der dritte Anlauf gelingt immer! Im Hintergrund läuft „O du fröhliche" und wir sinken fix und fertig, aber zufrieden, ein wenig erhitzt auf die Coach. „O Tannenbaum", wie schön sind deine Blätter!" Das Ende des Lieds? Dasselbe wie in meiner Kindheit: Die ganze Familie sitzt entkräftet, aber zufrieden im Wohnzimmer und lacht.

Weihnachten ist nicht nur das Fest der Liebe, sondern auch das Fest der Krisen. Auslöser sind oft zu hohe Ansprüche, zu viele Pläne, unterschiedliche Ansichten und der Druck, dass alles perfekt sein muss. Auf Knopfdruck soll Besinnlichkeit, Entspannung und Freude aufkommen. Aber was das ganze Jahr über nicht funktioniert, klappt an Weihnachten noch weniger. Also weg vom Perfektionismus und dem selbst auferlegten Erfolgsdruck. Es muss nicht alles reibungslos funktionieren und manche Missgeschicke lassen sich einfach weg lachen. Einerseits ist alles ganz einfach, wenn da nur nicht das Anderseits wäre.

Ich liebe die Adventszeit, sie ist unbeschwert und harmonisch mit den Kindern. Wir durchstöbern schon Mitte November die Backbücher und jeder darf sich seine Lieblingsplätzchen wünschen. Vor dem ersten Advent backen wir das erste Mal, meine Tochter und ich mit vehementer Standhaftigkeit, mein Sohn klinkt sich aufgrund verstärkter Frauenpräsenz frühzeitig aus. Ich denke eher aus Faulheit. Alle Jahre gibt es Spritzgebäck, verarbeitet mit dem uralten Fleischwolf meiner Oma. Kindheitserinnerungen erwachen sogleich in mir - die Vorfreude auf das Christkind, meine Oma, der Duft der Adventszeit und Weihnachtsgeschichten, die ich als Kind von einer Nachbarin erzählt bekam. Aber zurück zum Gebäck. An Kalorien darf ich gar nicht denken, denn kurz vor Weihnachten nasche ich alleine aus der großen Keksdose, die Kinder sind 'Gebäck müde` und denken an Ostern.

Wunschideen für Geschenke werden schon im September von meiner Mutter geäußert, in einem Monat, wo Weihnachten für mich wie ein Fremdwort klingt. Sie ist jedes Jahr die Erste, der ich ein Geschenk kaufe. Praktisch, denn das Bankguthaben ist noch im schwarzen Bereich.

In diesem Jahr schreibt mein Sohn zum ersten Mal keinen Wunschzettel mehr. Bei meiner noch so bettelnden Frage „Glaubst du wirklich nicht mehr an das Christkind?", schüttelt er mitleidig über mich den Kopf. Er ist nun auch „erwachsen" geworden. Noch letztes Jahr haben wir abends seinen Wunschzettel mit einer Kerze vors Fenster gestellt und am nächsten Morgen war er weg. Das Christkind hat alle Zettel der Kinder in der Nacht eingesammelt. Wie wunderbar haben die Augen meiner zwei Liebsten gestrahlt. Und meine auch.

Der Wunsch nach Harmonie ist gerade an Weihnachten besonders stark ausgeprägt. Doch dabei erreicht man oft das Gegenteil. Auch während der Feiertage sollte sich jeder zurückziehen dürfen, der seine Ruhe haben möchte. Man muss nicht immer alles zusammen machen. Wenn man spürt, dass man zu sehr aufeinander hängt, tut ein kleiner Spaziergang gut. Man geht Zoff aus dem

Weg und verdaut gleichzeitig das viele gute Essen.

Wann wo gefeiert wird, bietet alle Jahre wieder Anlass zu Diskussionen. Ebenso wenn es um das Menü der Festtage geht. In meiner Familie wird im Wechsel gefeiert, einmal bei uns Drei und das nächste Jahr bei meinen Eltern.
Weihnachten ist eben auch das Fest der Kompromisse. Und zum ersten Mal diskutierten wir nicht tagelang den Menüplan rauf und runter, sondern ich entscheide das Heiligabendmenü, da bei uns gefeiert wird und meine Mutter bekocht uns am ersten Feiertag nach ihren Ideen. Am zweiten Feiertag müssen meine Kinder zu ihrem Vater, der Staat sieht es so vor.

Jedes Jahr kommt Weihnachten für viele Menschen plötzlich und überraschend und Hektik bricht aus. Viele haben ja am 23. Dezember noch nicht alle Geschenke und raufen sich die Haare. Nun, ich lehne mich gelassen zurück, wir schreiben den 4. Dezember und ich habe alle Geschenke beisammen, die Zimmer sind weihnachtlich dekoriert und fast alle Plätzchen gebacken. Aber in der Stadt treffe ich ständig auf bekannte Gesichter, die mich verstört und ratsuchend anschauen. Anscheinend sind die Wünsche zu ausgefallen oder die Schenkenden sind fantasielos.

Weihnachten ist auch das Fest der Rituale. An Heiligabend wird ausgeschlafen, denn der Kühlschrank ist voll, nur das frische Baguette muss noch besorgt werden. Traditionell gibt es zum Mittagessen eine selbstgemachte Nudelsuppe und wir schauen uns im TV „Drei Nüsse für Aschenbrödel" an. Ein kleiner Spaziergang um den Block und dann ab ins Bad, um sich festlich raus zu putzen. Gegen Abend, wenn es dämmert die Bescherung und anschließend unser Festmenü, um gegen 22.00 Uhr gemeinsam zur Christmette zu gehen. Meine beiden Kinder dienen in der Messe und sind zu Hause reif fürs Bett.

Und alle Jahre wieder sitze ich dann alleine mit einem Glas Wein oder Sekt samt Plätzchen vorm Tannenbaum, höre mir alleine „Stille Nacht" an und der Vorweihnachtsstress fällt von mir ab!

(Kapitel aus meiner Trilogie, 2011 –
... und nichts hat sich geändert)

24. Dezember 2010

Die Weihnachtskarte meiner Tochter
entschädigt mich für vieles:

Liebe Mama,

*ich wünsche dir ein
frohes Fest und
viele Geschenke!*

*Liebe, Schnee und Gebäck,
hat das Christkind für dich im Gepäck.*

Deine Sarah.

WEIHNACHTSKALENDER

voller Elfchen
Haikus
und
immerwährenden
Gedanken

EINS
ist meins
strahlt „kleiner Engel"
hält hoch die Zahl
Vorweihnachtsfreude

ZWEI schöne Tage
Spaziergang im Winterwald
Schneeflocken fallen

Adventskalender

DREI
kleine Türchen
sind schon auf
Besinnlichkeit im Dauerlauf zur
Weihnachtszeit

VIER
Hände haben
wenigstens zur Weihnachtszeit
schön soll es werden

Adventkalender

5 Tage
warten
jetzt die Kinder
stellen heute
ihre Stiefel raus
denn morgen
ist ja Nikolaus

SECHS
Tage Arbeit sind vorbei
ab morgen hab ich wieder frei
jubelt Santa Claus
Dann ziehe ich meinen Mantel aus
und fahre in mein Ferienhaus

7 Uhr es schneit
gedankenschwere Stille
die Sonne geht auf

8samkeit
keine Zeit
tut mir leid
denke heute mal an
MICH

Adventskalender

9 Monate braucht ein Mensch
um auf die Welt zu kommen.
Ein Wunder ist geschehen.
Wie viel Zeit braucht dieser Mensch
um wieder von hier fort zu gehen?
Von einem Wunder wird dabei
nie mehr die Rede sein…

ZEHN ist die Basis.
Zwei Hände
sinnbildlich für
Anfang und Ende
eine magische Grenze
die du mit Fingern
nachzählen kannst

Adventskalender

ELFchen
im Festtagskleid
mit Schmuck beladen
schreiten sie durch den
Advent

12 schlägt die Turmuhr
Mitternacht der Mond scheint hell
menschenleer die Stadt

Adventskalender

13

und dann
auch noch Freitag
keine Angst es ist
ADVENT

14

lange Tage
die Spannung steigt
Kinderaugen leuchten in der
Vorweihnachtszeit

Adventskalender

15

cm Neuschnee
Eisblumen am Fenster
es ist klirrend kalt
Wunschdenken

16

Sweet sixteen
erlaubte ersten Schritte
in die große weite Welt
ENDLICH

Adventskalender

17
Tage erst
weint kleiner Engel
meine Flügel tun so
weh

    und
    ganze Tage
    nur noch lächeln
    das geht auch nicht
    mehr

        ich
        hol mit jetzt
        den gelben Schein
        und feiere Weihnachten ganz
                allein

Adventskalender

18

Sekunden schauen sie sich an,
dann senkt der junge Mann verlegen den Blick und verschwindet in der Menschenmenge des Weihnachtsmarktes.

Nur der Duft gebrannter Mandeln, verwebt in bunten Lichterketten, bleibt zurück.

Verwirrt nippt die schöne Frau erneut an ihrem Glühwein und fühlt sich plötzlich so allein.

Adventkalender

19

die letzte
im Jahr auch
heute wird ein Kind
geboren

20

Weihnachten naht
der Stift hetzt
über den Einkaufzettel im
Dauerlauf

Adventskalender

21

Sterne am
Horizont drei fehlen
noch dann geht es
rund

22

Gänse sie
sind eingeladen
ihr schwerer Weg
mit einem stillen Ende
Hauptgang

Adventskalender

23
letzter Spurt
Einkauf ohne nachzudenken
Hauptsache irgendetwas zu
verschenken
Bescherung

24
endlich ist
die Zeit gekommen
**Frohes Fest sowie besinnliche
Feiertage**

****

Andrea Ade
www.die-vanga.de

Weihnachtlicher Quarkstollen

Ich lasse diesen Stollen gerne eine Woche eingewickelt in Alufolie, ruhen. Sie können ihn auch gerne frisch servieren. Aber die Vorfreude ist doch die größte Freude und mein Quarkstollen gibt es pünktlich zum 1. Advent!

Zutaten:
375 g Dinkelmehl
125 g Haferflocken fein
1 Päckchen Backpulver
120 g Rohrzucker
5 Tropfen Bittermandelöl
2-3 EL Rum
175 g Butter
2 Eier
250 g Magerquark
1 Vanillinschote ausgekratzt
1/2 TL Zimt
etwas Salz

Aus diesen Zutaten einen Hefeteig mit der elektrischen Küchenmaschine herstellen.
Gut durchkneten.
Dann gibt man folgende Zutaten nach und nach dazu:

100 g gehackte geschälte Mandeln
150 g gemahlene Mandeln
250 g Rosinen
50-100 g Zitronat
50-100 g Orangeat
je 1 Msp. gemahlene Muskatblüte und Kardamom

Wenn alle Zutaten gemischt sind, gut durchkneten und einen Stollen formen oder in eine Stollenform füllen. Im Ofen bei 180-200° Umluft ca. 45-60 Minuten.

Sofort nach dem Herausnehmen oder dem Stürzen mit warmer Butter bestreichen und dick mit Puderzucker bestreuen!

(k)ein Auftritt als Weihnachtsbaum

Rostbratwürste, süße Mandeln, Glühwein-Punsch. All' diese Gerüche wehen über den kleinen Weihnachtsmarkt. Ein Nikolaus stiefelt durch die Menschenmenge, zieht Kinder an und verteilt kleine Geschenke.
Drei Tannen lehnen am Zaun. Noch nicht verkauft, stehen sie heute am Heiligabend immer noch hier und schauen verzweifelt in die Menschenmenge. „Uns will keiner haben" jammert jetzt die eine. „Schaut uns doch an. Wir sind zu klein, die Spitze

ist zu lang und unser Tannenkleid ist spärlich anzusehen".

Der Weihnachtsbaumverkäufer hat genug. Er will nach Hause gehen, sich auf den Heiligabend freuen und hat noch nicht mal Lust, die drei noch mitzunehmen und lässt sie einfach stehen. Da stehen jetzt die Tannen, der Markt wird immer leerer, doch niemand nimmt Notiz von ihnen, sie bleiben einfach stehen. Der Markt, er schließt, der Platzwart macht die Lichter aus, doch halt – er stoppt – und sieht dort hinten die drei Bäume stehen. Verlassen, traurig sehen sie aus. Kurz denkt er nach: „Man hat sie sicher stehen lassen, besonders gut sehen sie ja auch nicht aus." So holt er seine Karre und sackt die drei schnell ein, macht danach alle Lichter aus. Leer ist der Markt, alle sind sie jetzt zuhaus' und möchten fröhliche Weihnachten feiern.

Auch er freut sich, wollte eigentlich gar keinen Baum. Doch jetzt hat sich das so ergeben, wo ist eigentlich der Weihnachtsschmuck geblieben?

Seine Nachbarin hat nicht viel Geld. So hat er ihr den zweiten einfach vor die Tür gestellt. Dieses Jahr wollte sie sich keinen leisten, hat sie ihm erzählt. Jetzt gerade schmückt er selber seinen unverhofften Weihnachtsbaum. Die Lichterkette lässt ihn strahlen, besinnlich wird der ganze Raum. Er summt und freut sich, denkt auf einmal an den dritten Baum.
Im Eingang hatte er ihn abgestellt und dann vergessen. „Was mache ich denn mit dem?". Er überlegt, will nach ihm sehen - der Baum ist weg!
Zufrieden holt er sich jetzt ein Bier und setzt sich vor den schön geschmückten Baum, den er nicht wollte, denkt an die Nachbarin, die keinen kaufen konnte. Er kann in ihre Wohnung sehen und sieht den zweiten Baum da leuchtend stehen
der dritte, was der wohl macht? Er trinkt einen Schluck vom Bier und weiß, auch der wird sicher gerade schöngemacht.

vanga

Weihnachtliches Haselnussgebäck

Zutaten:
220 g Dinkel- oder Vollkornmehl
150 g gemahlene Haselnüsse
100 g Zucker
1 gestrichener TL Vanillepulver oder eine ausgekratzte Vanilleschote
200 g Butter
Schokoladenkuvertüre (oder Zuckerguss)

Aus Mehl, Butter, Zucker, Haselnüssen und Vanille einen Knetteig herstellen. Den Teig eine halbe bis ganze Stunde im Kühlschrank ruhen lassen. Dann auf einem bemehlten Backbrett oder Tisch 1 cm dicke Rollen formen und diese in ca. 4 cm lange Stücke schneiden. Die Teigrollen werden auf ein mit Backpapier ausgelegtes Backblech gelegt und bei 180° Umluft ca. 15 Minuten hellbraun backen.
Achtung: Backen sie zu lange, werden sie trocken!

In der Zwischenzeit Kuvertüre im Wasserbad schmelzen.

Nach dem Backen werden die Enden des Gebäcks lauwarm in die Kuvertüre getaucht und auf einem Kuchengitter zum Trocknen gelegt.

Tipp:
Der Teig kann auch ausgestochen werden. Mit Schokoladenkuvertüre oder Puderzuckerguss verzieren.

Foto: Wiebke Worm (Autorin)

Die Begegnung mit dem Christkind

Die siebenjährige Caroline steigt schüchtern die Stiegen im Treppenhaus hinauf zu Frau Weber, die sie aber in ihren Gedanken „Webertante" nennt. Eine alte Frau, die ihr ansonsten Angst einflößt, denn sie lässt das kleine Mädchen nicht auf der Wiese vorm Haus spielen. Doch sie überwindet ihre Furcht, denn es ist Adventszeit und jedes Jahr im Dezember erzählt die ansonsten so griesgrämige Frau ihr eine Geschichte über das Christkind.

Vor wenigen Tagen schrieb Caroline ihren Wunschzettel und wie all die Jahre davor, legte sie ihm gemeinsam mit ihrer Mutter, diese buntverzierten Zeilen zusammengefaltet und mit einer brennenden Kerze beschwert, abends vor das Küchenfenster. Ach, welch Freude in den Augen des Kindes, wenn morgens der Brief verschwunden war.

»Das Christkind hat ihn gestern Abend mitgenommen, als es die Häuser abflog und die brennende Kerze in unserem Fenster sah. Sei gespannt, es wird dir vielleicht eins deiner Wünsche erfüllen«, sprach die Mutter zu ihrer kleinen Tochter. Die Augen des Mädchens glänzten, denn sie wünschte sich so sehnlich ein Puppenhaus.

Caroline klingelt und hört die schlürfenden Schritte von Frau Weber, die ihr mit einem Ruck die Wohnungstür öffnet.

»Ja?«, mehr sagt die Frau nicht, denn jedes freundliche Wort war ihr fremd.

»Guten Tag. Erzählst du mir die Geschichte vom Christkind?«, fragt das Kind schüchtern.

»Komm herein und setze dich in die Küche.« Sie läuft vor dem Mädchen in besagten Raum und stellt ihr altmodisches Bügeleisen, das noch mit Kohle beheizt wird, auf den Ofen. Sie hatte viele Schicksalsschläge in ihrem Leben hinnehmen müssen und war nun eine verhärmte alte Frau geworden, die im Innern aber ein gutes Herz besaß und sich jedes Jahr freute, wenn die kleine Caroline zu ihr in ihre Wohnung kam. Doch das Betreten des Rasens vor dem Haus würde sie nie erlauben, denn Ordnung musste nun einmal sein. Jetzt werden ihre Gesichtszüge weich und sie beginnt zu erzählen:

»Jedes Jahr schmückten wir den Weihnachtsbaum mit unserer Mutter. Wir waren vier Kinder und ein buntes Durcheinander herrschte, wenn es darum ging, was wir aufhängen wollten. Doch Mutter entschied und somit verzierten wir wie jedes Jahr, die große Tanne mit roten Kugeln und Holzfiguren. Das silberne Lametta platzierte Mutter alleine auf den Christbaum, Faden für Faden über jeden einzelnen Zweig. Mit großen Augen verfolgten wir dieses Geduldsspiel. Trotz jährlichem Betteln von uns Kindern, blieb die Spitze des Baumes ungeschmückt. Denn diese berührte die Decke, so riesig und ausladend war unser Baum. Ach, so gerne hätten wir auch einen Engel an die Spitze gesteckt, wie unsere Klassenkameraden, aber Mutter lehnte dies strikt ab. Dann schickte sie uns ins Bett.

Am frühen Morgen wachte ich zeitig auf. Es war Heiligabend. Leise schlich ich nach unten. Ein Klang, wie ein Glöckchen, hatte mich geweckt. Die Holzstiegen der Treppe knarrten, aber keiner hörte mich. In meinem langen weißen Nachthemd und meinen blonden Locken, die weich meinen Rücken hinunterflossen, sah ich wie ein kleines Engelchen aus. Plötzlich blieb ich mitten auf der Treppe stehen und umklammerte das Holzgeländer. Welch lieblicher Anblick bot sich mir! Unser Tannenbaum leuchtete strahlend im Kerzenschein und die Holzfiguren spiegelten sich in den roten Kugeln. Ich hielt den Atem an, denn der Anblick verzauberte mich. Unter dem Baum lagen unsere Geschenke, die in diesem Moment das Christkind für uns verteilte. Endlich sah ich es mit eigenen Augen! Es hatte wie ich ein langes weißes Gewand an, das aber glitzerte und die blonden Locken zierten sein Antlitz. Als es die Päckchen alle unten den Baum gelegt hatte, nahm es eine zierliche goldfarbene Trompete in seine Hände und spielte eine Melodie. Dabei flog es noch einmal um den hell erleuchteten Baum und verschwand aus meinem Gesichtsfeld. Wie gebannt stand ich auf unser Treppe und schaute mit großen Augen den funkelnden Weihnachtsbaum an. Ich hatte wirklich das Christkind gesehen! Plötzlich hörte ich von oben Stimmen. Meine kleinen Geschwister waren erwacht und kaum gedacht, stiegen sie leise die Treppe hinunter und schauten wie ich, verzaubert den Weihnachtsbaum an.«

Mit offenem Mund hörte die kleine Caroline der alten Frau zu, während diese in geheimnisvollem Flüsterton die Geschichte vom Christkind erzählt hatte. Das Mädchen war verzaubert, wie einst das Kind in der Erzählung.

»Du hast wirklich das Christkind gesehen?«, fragt es nun die alte Frau.

»Ja, das habe ich. Wenn du brav bist, wirst du es vielleicht auch sehen und es bringt dir dein Puppenhaus.«

Verträumt steigt das kleine Mädchen wieder die Treppen hinunter und nimmt sich fest vor, die ganze Adventszeit folgsam zu sein und am Morgen des Heiligen Abend durchs Schlüsselloch des Wohnzimmers zu blicken. Vielleicht sieht auch sie das Christkind in seinem langen leuchtenden Gewand mit der goldfarbenen Trompete in der Hand.

Caroline Régnard-Mayer

Basteltipp: Engel

Ich kann euch gar nicht sagen, welch Vergnügen es mir bereitet, mit Gips verschmierten Händen zu werkeln und dann das fertige Produkt vor mir zu sehen.

Wie ein kleines Kind habe ich mich gefühlt, eben wie vor über 40 Jahren an Heiligabend.

Stolz verschenkte ich zwei dieser Engel, einer stellte ich ans Fenster. Heuer werden leine gebastelt.

Das braucht ihr dazu:

- **1 Feuerholzscheit**
- **1 Styroporkugel**
- **1 Stück feste Pappe**
- **1 Rolle Gipsbinde (aus der Apotheke)**
- **1 langer Nagel für den Kopf**
- **Stroh, Gräser, Efeublätter oder Engelshaare für die Krone**

Flügel auf der Pappe aufmalen und ausschneiden. Eine Schale Wasser und eine für die Gipsschnipsel (in unterschiedlicher Größe-kleinere für den Kopf und Rundungen am Flügel-größere und längere für den Flügel). Nacheinander Gipsschnipsel in Wasser tauchen, überlappend auf die Flügel legen und verstreichen. Max. zwei Schichten. Trocknen lassen.
Styroporkugel mit dem Nagel durchstoßen und ebenso mit nassen

Gipsschnipsel verteilen und verstreichen. Trocknen lassen.
Fast getrocknete Flügel mit einem Nagel an der Rückseite anbringen, Flügel sollten über dem Holzscheit hinausragen. Nagelkopf mit Gips verstreichen. Kopf nun auf dem Scheit anbringen.
Man kann jederzeit Unregelmäßigkeiten mit Gips korrigieren.
Aus Gräsern etc. kleine Krönchen basteln und dem Engel aufsetzen.
Fertig!

Quelle: http://eule1960.blogspot.de/

Mamas Nuss-Marzipan-Taler

Zutaten:
125 g Butter
70 g Zucker
150 g Dinkel- oder Vollkornmehl
1,5 TL Backpulver
150 g gemahlene Haselnüsse
½ TL gemahlene Vanille
2 EL Wasser
200 g Marzipan-Rohmasse
150 g Puderzucker
1 Glas Johannisbeergelee
75 g Puderzucker
2 EL Rum (oder Zitronensaft)

Mehl mit Backpulver auf die Tischplatte sieben, in die Mitte Zucker, Vanille und Wasser geben und vermischen. Butter in kleinen Stücken dazugeben und Haselnüsse hinzufügen, alles miteinander verkneten. Etwa eine halbe Stunde kaltstellen und dann den Teig etwa 2 mm ausrollen. Runde Plätzchen ca. 4 cm ø ausstechen und auf ein mit Backpapier ausgelegtes Backblech 8-10 Minuten bei 175° Umluft backen.

Marzipan-Rohmasse und Puderzucker verkneten, dünn auf der mit Puderzucker bestäubten Tischplatte ausrollen und Plätzchen wie oben ausstechen.

Die erkalteten Plätzchen mit Johannisbeergelee bestreichen und mit Marzipanplättchen abdecken.

Für den Guss 75 g Puderzucker mit Rum oder Zitronensaft glattrühren und die Plätzchen damit dünn bestreichen. Nach Belieben mit Haselnusskernen oder gehackten Pistazien verzieren.

Adventszeit rückt nun näher,
Vorfreude ist die schönste Freude,
alle Jahre wieder,
doch ganz besonders für mich,
diese Zeit trag ich im Herzen,
wälze Backrezepte und Kartons,
puste den Staub von der Pyramide,
meine Augen glänzen,
die ersten Schneeflocken,
ach, wie schön,
fallen vom winterlichen Himmel
herab.

Caroline Régnard-Mayer

Advent, Advent,
ein Lichtlein brennt!
Erst eins, dann zwei, dann drei, dann vier,
dann steht das Christkind vor der Tür!

Volksgut

Die Winterwelt zieht uns in ihren Bann,
die Luft so rein und kalt und klar,
die Welt hält kurz den Atem an –
in der schönsten Zeit im Jahr!

Die Schneeflöckchen im sanften Tanz,
Ruhe und Frieden für den einen Moment,
mit Kerzenschein und Lichterglanz
kommt die stille Zeit – Advent!

Meine Lieblingslieder:

Leise rieselt der Schnee,
still und starr ruht der See
weihnachtlich glänzet der Wald:
Freue dich, Christkind kommt bald!

In den Herzen ist's warm,
still schweigt Kummer und Harm,
Sorge des Lebens verhallt:
Freue dich, Christkind kommt bald!

Bald ist heilige Nacht,
Chor der Engel erwacht,
hört nur, wie lieblich es schallt:
Freue dich, Christkind kommt bald!

gedichtet und komponiert vom evangelischen Pfarrer
Eduard Ebel

O du fröhliche, O du selige,
gnadenbringende Weihnachtszeit!
Welt ging verloren, Christ ward
geboren:
Freue, freue dich, O Christenheit!

O du fröhliche, O du selige,
gnadenbringende Weihnachtszeit!
Christ ist erschienen, uns zu versühnen:
Freue, freue dich, O Christenheit!

O du fröhliche, O du selige,
gnadenbringende Weihnachtszeit!
Himmlische Heere jauchzen dir Ehre:
Freue, freue dich, O
Christenheit!

Johann Gottfried von Herder

Stille Nacht! Heilige Nacht!
Alles schläft, einsam wacht
nur das traute hoch heilige Paar.
"Holder Knabe im lockigen Haar,
schlaf in himmlischer Ruh',
schlaf in himmlischer Ruh'!"

Stille Nacht! Heilige Nacht!
Gottes Sohn, o wie lacht
lieb' aus deinem göttlichen Mund,
da uns schlägt die rettende Stund':
Jesus in deiner Geburt.
Jesus in deiner Geburt.

Stille Nacht, heilige Nacht,
Hirten erst kundgemacht!
durch der Engel Halleluja
tönt es laut von Ferne und Nah:
Jesus, der Retter ist da!
Jesus, der Retter ist da!

Joseph Mohr

Jahreswechsel

Der Herbst, bunt und fröhlich,
betrunken von all den Farben,
floh vorm Winter,
der grau und kalt,
doch schneit es kleine Flöckchen,
lacht auch er und die Kinder.

                  Die Zeit ist still, ganz leise,
verzaubert uns, ob groß oder klein,
      Atemwölkchen und rote Wangen,
           Schlitten sausen bergab,
               die Axt im Walde,
Tannenbaum hell erleuchtet in der
                         Stube.

Plätzchenduft und Punsch,
durchziehen die Häuser,
das Feuer lodert im Kamin,
die Rute schwingt Knecht
Ruprecht,
artig sind die Kindlein,
bis Heilig Abend steht vor der Tür.

Caroline Régnard-Mayer

Besinnung statt Unrast

Kein Grund zur Eile,
haltet inne,
der Einkaufszettel ellenlang,
oh Schreck!

Setzt dich hin,
nimm dir Zeit mit Kind und Kegel,
heut fällt der erste Schnee,
oh Schreck!

Kufen werden geschliffen,
die Mutter backt im Akkord,
der Förster schlägt mit der Axt,
die Menschen können nicht abwarten,
oh Schreck!

Kaufhäuser geplündert,
der Metzger ausverkauft,
der Bäcker klagt sein Leid,
die Schränke und Truhen voll,
oh Schreck!

Frau klagt, was soll ich anziehen,
Mann, hält sich die Ohren zu,
Kinder schreien,

ich will das aber doch,
Besinnung dahin,
oh Schreck!

Hört ihr Menschen!

Öffnet eure Herzen,
nimmt euch Zeit für einander,
beendet den Kaufrausch,
es ist das Fest des Herrn,
gewickelt in Lumpen einst in einer Krippe,
arm seine Eltern, Maria und Josef,
doch es herrschte Liebe und Wärme,
Frieden auf Erden,
ein frohes Fest!

Caroline Régnard-Mayer

Ein paar letzte Gedanken und ein Dankeschön

Genießen Sie die Adventszeit und die Vorfreude auf das Weihnachtsfest.
Ich wünsche Ihnen von Herzen eine besinnliche Zeit!

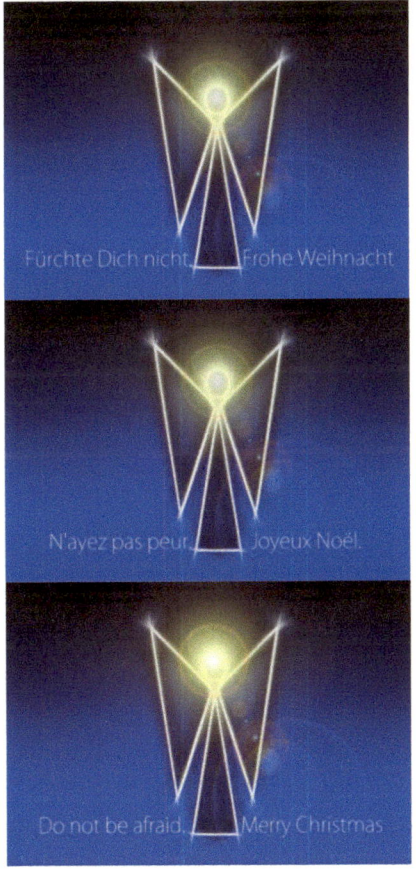

Hat Ihnen mein Buch und meine Gedankenspiele gefallen, dann würde ich mich sehr über eine Rezension auf Amazon oder sonstigen Online-Shops freuen!

Die Autorin

Caroline Régnard-Mayer, geboren im Mai 1965, ist von Beruf MTLA. Berentet seit 2005 durch ihre Erkrankung Multiple Sklerose. Sie hat zwei Kinder und lebt in Landau in der Pfalz.

Die Autorin schreibt Ratgeber, Biografien und Kochbücher für andere Betroffene zur Ermutigung und Information, ebenso zur eigenen Krankheitsbewältigung.

Ihr erster belletristischer Roman erschien im Sommer 2016 unter dem Pseudonym Rachel Parker.
Auch dort wird MS ein Randthema sein. Frau Régnard-Mayer ist Gruppenleiterin einer MS-Selbsthilfegruppe und hat einen eigenen Blog.

Weitere Bücher oder Kontakt zur Autorin unter:
www.frauenpower-ms.jimdo.com
www.caroregm.blogspot.de

Band I: MS-Gedankenspiele
Schwächen und Stärken

Taschenbuch und als E-Book!

Band II: MS-Gedankenspiele
Sturmwarnung

Taschenbuch und als E-Book!